JN410750

김병완의 마흔 혁명 시리즈 5부작 중 제4권

제목: 마흔, 허무를 건너 도약하라

부세: 무기력의 디널에서 빠져나오는 중년 생존 전략

“ 이 책은 10년 전 출간되어 종합 베스트셀러에도 오른 책의 개정 증보판으로, 독자들이 읽기 쉽고, 휴대에 편하게 하도록, 5부작으로 나누어 5권의 얇은 책 개념으로 시리즈로 출간하여, 부담 없이 독서를 즐기도록 특별 기획한 시리즈임을 알려 드립니다. ”

‘위대함의 본질은 다른 사람들이 이성을 잃고 날뛰는 상황 속에서도 차곡차곡 자기실현을 구할 수 있는 능력이다.’

– 웨인 다이어 –

“나에 내한 자신감을 잃으면 온 세상이 나의 적이 된다.”

– 랄프 왈도 에머슨 –

프롤로그_ 40대는 인생을 결정짓는 가장 중요한 시기이다.

" 자꾸만 내가 흔들리는 이유는 오직 하나, 내 인생이 남의 지문으로 가득하다는 거. 버리자, 더 이상 버릴 게 없는 내 것으로부터 인생을 다시 시작하자. "

_ 알렌 코헨, [내 것이 아니면 모두 버려라] 중에서 _

우리의 40대는 새로운 인생의 최대 기회이자 위기이다.

우리의 삶은 황량한 겨울 들판일 수도 있고, 이름 모를 꽃들로 뒤덮인 봄의 동산일 수도 있다. 때로는 외롭고 눈물겨운 때도 있고, 마음이 산산이 부서져 내리는 때도 있고, 뛸 듯이 기쁘게 희망에 벅찰 때도 있다.

기쁨과 즐거움, 슬픔과 좌절이 우리의 삶을 씨줄과 날줄로 교차해 나간다 해도 우리는 인생의 결정기인 40대에 반드시 해야 할 일들이 있다는 것을 알게 되었다.

나의 40대는 오랫동안 잠자고 있던 열정이 깨어나는 시기였다. 40대가 되기 전에는 무엇을 해도 실패투성이였다. 아무 쓸모 없는, 아무 가치도 없는, 아무 의미도 없는 무조건 앞만 보고 달리고, 누군가가 시키는 삶을 살았고, 누군가가 원하는 삶을 살았다.

한 마디로 나의 20대와 30대의 삶은 가짜였다. 그런 삶에는 나 자신이 존재할 공간이 없었다는 사실을 뒤늦게 발견했다. 40대의 삶은 진짜 내 인생이고, 진짜 삶이었다. 인생의 풍파를 다 겪어 낸 후 알게 된 진짜 인생을 시작하는 첫 순간은 바로 40대이다. 적어도 나는 그랬다.

이것이 진짜 인생이다. 바로 40을 넘긴 내가 얻어 낸 교훈이며 진실한 내 마음이다. 이것을 얻기 위해 그렇게도 열심히 앞만 보고 달려왔고, 질주를 해 왔다. 이제는 진짜 인생을 살고 싶다. 그렇게 하기 위해 이 책을 썼고, 동시에 그렇게 살고 있기 때문에 이 책을 쓸 수 있었다.

인생 후반을 가슴 뛰는 삶으로 살고 싶다면 40대의 나이에 우리가 반드시 해야 할 일이 있다. 이 세상에는 공짜 점심이란 것이 없다. 심은 만큼 거두고, 뿌린 만큼 열매를 보게 된다. 그러므로 인생 후반을 가슴 뛰게 할 만큼 멋지고 눈부시게 살고 싶다면 그 만큼 멋지고 놀라운 일, 즉 세상을 놀라게 할 만한 일을 시작해야 한다.

40대를 어떻게 보내느냐에 따라서 인생 후반의 삶의 질과 수준이 결정된다고 할 수 있다. 40대에 위대한 일을 시작한 이들을 우리는 알고 있다. 그들이 인생의 후반을 가슴 뛰게 하는 그런 멋진 삶을 살아갈 수 있었던 것은 그들이 그들의 나이 40대에 세상을 놀라게 할 일을 시작할 수 있었기 때문이다.

빅토르 위고가 [레 미제라블]의 집필을 시작한 나이는 44세 때이다. 르네상스의 3대 거장 중 한 명인 레오나르도 다 빈치가 세계 미술사에서 가장 뛰어난 그림 가운데 하나로 손꼽히는 < 최후의 만찬>을 그리기 시작한 시기는 그의 나이 43세 때였다. 중국 최고의 통사인 [사기]를 사마천이 저술에 착수한 시기가 그의 나이 43세 때였고, 증권 거래소 직원이었던 빈센트 반 고흐가 화가의 길로 들어선 것도 바로 그의 나이 43세 때의 일이었다. 신문 기자 출신인 이안 플레밍이 첩보영화의 기념비적인 영화라고 할 수 있고 전 세계인들이 가장 사랑한 스파이 영화인 [007 시리즈]를 쓰기 시작한 시기는 그의 나이 41세 때였다. 평범한 가정주부였던 박완서 작가가 평생 처음으로 전문적으로 글을 쓰기 시작하여 등단했을 때 그의 나이는 정확히 40이었다.

우리들도 이들처럼 40대의 나이에 세상을 놀라게 할 수 있는 일을 시작할 수 있다. 위대한 위인들은 모두 그렇게 시작했다.

그런 점에서 인생에서 가장 중요한 시기를 꼽으라면 필자는 40대라고 말하고 싶다. 30대까지는 인생이 무엇인지 잘 보이지 않는 시기이다. 하지만 40대는 인생이 무엇인지 조금 보이기 시작하는 시기이고, 바로 그때 사람들은 자신이 진정 무엇을 하고 싶어 하는지? 그리고 자신이 진정 이 세상에서 원하는 것이 무엇인지를 정확하게 발견하게 되고 알게 되는 시기이기 때문이다. 그리고 그때 정말 자신이 하고 싶은 일을 용기를 내어 과감하게 시작하는 이들은 위대한 인생을 경험할 수 있게 되는 것이다.

과거 30년 전만 해도 좋은 대학교를 나와서 좋은 직장이나 직업을 가지게 되면 나머지 인생 동안 큰 문제 없이 살아갈 수 있는 그런 평균 수명이 40에서 50에 불과한 시대에 우리의 인생 선배들이 살았다. 그래서 그 당시에 인생의 절정기는 20대와 30대였다. 20대와 30대 무엇을 하느냐에 따라 나머지 20년인 인생 후반기가 결정되기 때문이다. 하지만 이제는 인간의 평균 수명이 놀랍게 늘어났다. 그래서 80에서 100세 사이를 오가고 있다. 그래서 나이 40세 이전의 삶은 리허설과 같은 삶이 되어

버렸다.

40대 때 새로운 인생을 도전하여 멋지게 인생의 후반기를 살아 내는 사람들이 차츰 많아지기 시작했다. 40대 이후의 40년은 이제 선물로 우리에게 주어졌지만, 그 선물을 어떻게 잘 만들어 나가느냐는 40대의 나이에 무엇을 어떻게 준비하고 어떻게 살아 나가느냐에 달려 있다고 말할 수 있다. 그러므로 이제는 인생의 절정기는 40대이다.

인생에서 가장 중요한 시기는 20대가 아니고, 30대도 아니고, 이제는 40대이다. 40대 때 반드시 해야 할 50가지를 통해 인생 후반기를 잘 준비해 보자.

이 책은 20대를 넘어 30대까지 아무 쓸모 없이 앞만 보고 달린 사람들을 위한 책이다. 40대야 말로 가장 찬란하고 가장 눈부신 인생을 살아갈 수 있게 해 주는 위대한 인생의 가장 빛나는 순간이다. 그 40대에 반드시 해야 할 일들이 있음을 느끼고 이제 내가 가야 할 길을 가고 싶다.

필자가 '반드시 해야 할 50가지'를 정했듯이 독자들 스스로가 이 책을 다 읽었거나 중간쯤 읽었을 때 스스로 정할 수 있게 될 것이다. 그것이 이 책의 목적이다. 40대들이 스스로 자신이 반드시 해야 할 50가지를 정하도록 하는 것, 바로 그것이다.

" 모든 것의 시작은 위험하다. 그러나 무엇을 막론하고, 시작하지 않으면 아무것도 시작되지 않는다."

프리드리히 니체의 말처럼 위험하지만, 아무것도 시작하지 못하는 40대보다는 무엇을 막론하고 시작하는 40대가 내 눈에는 위대해 보인다.

" 인생의 성공과 실패는 40대에 결정된다."

인생은 40대부터가 진짜 인생이다. 40대에 접어들면서 수많은 도전을 할 수 있다. 40대에 접어들면서 우리는 새로운 인생 후반기를 힘차게 시작할 수 있다. 40대는 제2의 청춘이며, 새로운 삶의 첫 번째 청춘이다.

20대와 30대는 내 마음대로 선택하고 실천할 수 없었다. 40대야말로 내 마음대로 선택하고 실천할 수 있는 최고의 시기이다. 또한 40대는 마지막 남은 가장 젊은 도전과 모험의 시기이다. 40대야말로 인생이 무엇인지 조금 보이기 시작하는 매우 중요한 시기이다.

40대야말로 내 자신이 가장 잘 하는 것이 무엇인지 알 수 있는 시기이다. 우리의 20대와 30대가 실패로 얼룩져 있든, 찬란한 성공으로 눈부시든 그것은 하나도 중요하지 않다. 가장 중요한 것은 40대의 눈부신 성공과 가치 있는 실패이다.

40대는 제대로 살아갈 수 있는 최고의 신체적 사회적 정신적 조건을 갖춘 가장 젊은 시기이다. 40대에게는 인생의 쓴맛, 단맛, 뜨거운 맛, 더러운 맛, 차가운 맛을 모두 겪고서 살아남은 내공이 있다.

그렇기 때문에 40대는 무엇이든 즐길 수 있는 자격이 있다. 그렇기 때문에 40대는 무엇이든 도전할 수 있는 정신이 있다. 그렇기 때문에 40대는 가장 찬란한 인생의 절정기인 것이다. 그렇기 때문에 40대는 허투루 보낼 수는 없는 최고로 소중한 시기인 것이다.

지금까지는 타인의 생각과 시선에 좌우된 남의 인생을 살았다면, 40대는 다른 사람이 아닌 오직 자기 자신의 인생을 주도적으로 살아 갈 수 있는 시기이다. 40대, 인생의 진짜 승부는 지금부터다!

인생의 클라이맥스는 40대이다. 40대여! 도전하고 혁신하고 즐기고 누려라. 날마다 가슴 뛰는 삶을 향해 날아올라라. 40대인 그대는 해 낼 수 있다.

프롤로그_ 40대는 인생을 결정짓는 가장 중요한 시기이다.

제7장. 바쁜 삶의 허무함을 경계하라.

가슴 뛰는 인생 후반전을 위해 31.

바쁜 삶의 허무함을 경계하라.

가슴 뛰는 인생 후반전을 위해 32.

딱 하루 동안만 결혼을 원 없이 후회해 보자.

가슴 뛰는 인생 후반전을 위해 33.

아침밥 달라고 목숨 내놓고 말해 보자.

가슴 뛰는 인생 후반전을 위해 34.

늦기 전에 뭔가를 시작 해 보자.

가슴 뛰는 인생 후반전을 위해 35.

고독과 사색을 즐겨 보자.

제8장. 의식과 사고의 도약을 경험해 보자.

가슴 뛰는 인생 후반전을 위해 36.

자신의 삶의 혁명가가 되어 보자.

가슴 뛰는 인생 후반전을 위해 37.

의식과 사고의 도약을 경험해 보자.

가슴 뛰는 인생 후반전을 위해 38.

오늘보다는 더 아름다운 내일을 만들어보자.

가슴 뛰는 인생 후반전을 위해 39.

두려움이라는 놈의 실체를 극복하자.

가슴 뛰는 인생 후반전을 위해 40. 긴 인생! 결코, 절대로, 쩨쩨하게 살지 말자.

에필로그_ 눈부신 인생 후반을 위하여.

" 욕망이 줄어들수록 행복이 커진다."

- 레프 톨스토이 -

제7장. 바쁜 삶의 허무함을 경계하라.

“ 자꾸만 내가 흔들리는 이유는 오직 하나, 내 인생이 남의 지문으로 가득하다는 거. 버리자, 더 이상 버릴 게 없는 내 것으로부터 인생을 다시 시작하자. “

_ 알렌 코헨, [내 것이 아니면 모두 버려라] 중에서 _

가슴 뛰는 인생 후반전을 위해 31. 바쁜 삶의 허무함을 경계하라.

'바쁜 삶의 허무함을 경계하라.'

고대의 철학자 소크라테스가 한 말이다. 우리가 너무 바쁜 삶을 살아가게 되면 일상에 매몰되어 자신을 잃어버릴 수 있게 된다. 그러한 삶은 어떻게 보면 온전한 자신의 삶이 될 수 없다. 자신이 왜 살아가고 있는지, 무엇을 하면서 살아가야 하는지, 지금 어디를 향해 가고 있는 지를 모두 상실하게 된다. 그래서 하루하루 열심히 살았지만 그래서 큰 성공과 부를 얻게 되고, 원하는 것을 성취하게 된다고 해도 텅 빈 레인코트처럼 허전함을 느낄 수밖에 없게 되는 것이다.

더 중요한 사실은 바쁘게 살다 보면 모든 생각과 의식이 생존에 집중되게 되게, 길게 내다보지 못하게 된다. 그러한 삶은 결국 실패로 직결되게 된다. 성공하는 사람들은 발전과 도약에 집중되어 있다. 그래서 어떤 경우에서든 일상의 바쁜 삶에 매몰되는 것을 경계한다.

바쁘게 사는 것이 나쁜 것이 아니라 좋은 것이라고 옛날 사람들은 말한다. 그런데 그때는 창의성이나 아이디어가 얼마나 중요한 것인지를 제대로 알지 못했을 때의 이야기다. 그리고 그때는 가장 중요한 문제가 먹고 사는 문제이다. 하루라도 움직이지 않고 일을 하지 않는다면 곧바로 생계에 지장을 받고, 굶어 죽는 경우가 다반사인 지금과 전혀 다른 환경 속에서 살아가는 사람들에게 바쁘다는 것은 가장 큰 위안이고 가장 큰 생존의 조건인 것이다. 그래서 바쁜 사람들은 최소한 굶어 죽을 걱정은 없는 것이다.

그래서 이런 시대를 겪은 어르신들은 사람은 바쁘게 살아야 한다는 패러다임을 가지고 있다. 시대에 따라 우리의 의식과 생각을 이끌어가게 되는 주된 관념이 바로 패러다임이다.

미국 하버드대학 출신의 과학사학자이며 철학자인 토마스 쿤은 자신의 명저인 [과학 혁명의 구조]를 통해 한 시대의 주류적 가치관이나 사고방식인 패러다임이 시대가 변함에 따라 전환된다는 사실에 대해 설명했다.

우리가 무엇을 보게 되고, 어떻게 생각하느냐는 우리가 바라보는 대상, 생각하는 대상에도 달려 있지만, 이전의 모든 경험을 통해 우리가 무엇을 보고, 어떻게 생각하느냐에 깊게 영향을 받게 된다는 사실을 우리로 하여금 일깨워 주었다.

시대가 바뀌고 세상의 환경이 바뀌면 우리의 패러다임조차도 바뀌는 이유가 여기에 있다. 우리는 우리가 눈으로 보는 것에서 완전히 자유로울 수 없다. 우리가 눈으로 보는 것은 전 세계인들이 동시에 보는 것이다. 그래서 패러다임의 전환은 전 세계에서 동시다발적으로 발생하게 되는 것이다.

과거에는 바쁘게 사는 것이 가장 좋은 생존의 도구였고, 그것은 생존을 보장해 주는 것이었다. 그래서 바쁘게 사는 것이 좋은 것이었다. 하지만 이제는 바쁘게 사는 사람들은 정신없이 일과 직장에 매여 있는 사람들, 혹은 능력이 없어서 맨날 야근해야 하고, 주말도 반납해야 남들과 동등한 수준을 유지할 수 있는 직장인들을 의미하는 쪽으로 급격하게 전환되고 있다.

그래서 요즘은 그런 점에서 적게 일하고 큰 성과를 얻는 것을 최고의 삶의 방식으로 여긴다. 적게 일하고, 크게 벌 수 있는 직종이 가장 큰 인기를 얻게 되었고, 적게 일하면서 여가를 많이 즐길 수 있고, 너무 바쁘게 사는 것보다는 삶의 속도를 늦추는 것에 대해 사람들의 패러다임이 동시다발적으로 일어나게 된 것이다.

그 결과로 다운시프트(downshift) 족(族)이 유행하고 늘어나고 있다. 허둥지둥 바쁘게 움직이는 생활에서 결연히 벗어날 수 있는 지혜를 우리에게 전해 주는 책들이 또한 세계적으로 베스트셀러에 오르기도 했다. 대표적인 책으로 프랑스의 철학자이자 작가인 피에르 쌍소의 [느리게 산다는 것의 의미]가 있을 것이다.

이 책은 '빨리 빨리' 에 익숙한 우리 민족에게 시간에 쫓기지 않고 혼자만의 시간을 내서 '자신' 을 아름다운 풍경에 내맡겨 보면서 한가로이 거닐거나 타인의 말에 조용히 귀를 기울여 보라고 소언해 준다.

빈둥빈둥 아무것도 하지 않고 시간을 낭비하는 것도 문제이지만 너무 바쁘게 하루하루를 일상에 매몰되어 살아가는 것도 그렇게 바람직한 것은 아님을 우리는 알아야 한다. 불필요한 계획이나 일에 이러 저리 정신을 빼앗기면서 살아가는 삶은 낭비적인 삶이라고 할 수 있다. 오히려 느긋함을 가지고 고요함 속에서 자신을 성찰하고 여유를 가질 때 세상의 본질을 꿰뚫어 볼 수 있는 통찰력이 생길 뿐만 아니라 인생을 길고 넓게 바라볼 수 있게 된다.

한국인들은 지금도 충분히 바쁘고 열심히 살아가고 있다. 그렇기 때문에 이제는 균형이 필요하다. 조금 더 느림의 미학을 추구하고, 느긋함과 여유를 가져 보자. 철학자 파스칼은 ‘인간의 모든 불행은 단 한 가지, 고요한 방에 들어앉아 휴식할 줄 모른다는 데서 비롯된다.’ 라는 명언을 남긴 바 있다. 한국인들의 자살률, 이혼율이 최고인 이유가 바로 여기에 있다고 필자는 말하고 싶다.

한국인들은 너무 바쁘게 살아가는 삶의 패턴에 익숙해졌다. 가장 치열하게 한국 사회를 온 몸으로 살아온 40대들은 가장 대표적인 한국인들이다. 40대들이여, 이제부터 삶의 여유를 회복해 보자. 조금 느리게 산다는 것이 결코 게으르거나 무능하다는 것을 의미하지는 않는다. 그러므로 느림에 대한 인식을 바꾸는 것이 가장 시급하다.

가슴 뛰는 인생 후반전을 위해 32. 딱 하루 동안만 결혼을 원없이 후회해 보자.

우리는 모두 행복하기 위해 결혼을 한다. 하지만 행복하기 위해 한 결혼 때문에 실제로는 그 괴롭고 불행해진다. 이것이 무슨 아이러니인가? 이것이 무슨 일인가? 과거에는 이 정도는 아니다.

왜 과거와 지금은 결혼 생활이 우리에게 주는 행복감이 이렇게도 다른 것일까? 수많은 복합적인 이유와 원인이 있겠지만 필자가 생각하기에 이러한 차이를 만들어내는 매우 중요한 차이점은 바로 평균 수명이라고 생각할 수 있을 것이다.

과거에는 평균 수명이 40대 전후였다. 사실은 이것보다 훨씬 더 적었다. 그렇기 때문에 결혼을 해서 십 년 정도 살면 거의 많이 살았던 것이다. 두 사람 중 한 명은 그 사이에 사라져 버릴 확률이 매우 높았다.

그러한 상황에서 그저 죽지 않고 살아주는 것만 해도 감사한 일이었다. 하지만 이제는 지겹도록 살아간다. 정말로 지겹도록 말이다. 평균수명이 80살을 넘었기에 이제는 정말 60이 청춘이다. 과거에는 말로만 60이 청춘이라고 했지만, 이제는 정말 60이 청춘이다.

결혼을 늦게 해서 30대 초반이나 중반에 한다고 해도, 50년이란 세월을 함께 보내야 한다. 아무리 마음이 괴팍하고 이상한 사람이라도 몇 년 혹은 몇십 년은 함께 살면서 버틸 수가 있다. 하지만 그것이 30년, 40년 혹은 50년이 되면 인내는 바닥이 난다.

일본에서 황혼 이혼이 유행하는 것도 이와 같은 원리이다. 한국에서도 상황은 다르지 않다. 아이들을 키우고 먹고 살기에 바빠서 결혼 초기에는 이혼을 생각하지 않는다. 그리고 처음에는 잘 몰라서 한 번 참고, 두 번 참고 그렇게 살아간다. 애를 낳고 살다 보면 아무리 마음에 안 들어도 참고 살아가게 된다. 하지만 세월이 갈수록 불만은 쌓이고 누적된다. 그리고 이혼의 최대의 장애물(?)이었던 아이들도 이제 다 커서 시집가고 장가를 갔다.

철없던 자녀들이 이제는 부모의 이혼을 충분히 이해 해 줄 만큼 성장했다. 바로 이때가 이혼하기에 가장 좋은 타이밍인 것이다. 문제는 황혼 이혼을 하느냐 안 하느냐가 아니다. 그때까지 행복하지 못한 결혼 생활을 참으면서 해 왔다는 것 자체이다.

그러한 잘못된 불행한 결혼 생활을 사전에 방지하기 위해, 그리고 가슴 뛰는 인생 후반전을 살기 위해 필자가 제안하는 것은 일 년에 딱 하루 동안만은 결혼을 원 없이 후회해 보자는 것이다.

정말 딱 하루 원 없이 결혼을 후회해 보고, 가슴 속에 응어리진 것을 모두 토해 내 버리자. 원 없이 울어도 보고, 원 없이 자기 하고 싶은 것을 마음껏 해 보자. 아내나 남편의 구속 없이 완전한 자유인이 되어 보는 것이다.

마음의 병은 분노든 슬픔이든 그것을 마음껏 표현하지 못하기 때문에 생기는 것이다. 그래서 화를 잘 내고, 잘 우는 사람들이 마음의 병은 없는 것이다. 일 년에 한 번씩은 하루 동안만은 결혼을 원 없이 후회함으로써 우리는 카타르시스를 얻어야 한다. 그래서 그러한 정화 작용은 평생 행복하게 결혼 생활을 해 나갈 수 있는 토대가 되어 준다.

참고 참아서 나중에 이혼하는 그런 결혼 생활, 언젠가는 이혼하고 말 것이라는 것을 전제로 두고 해나가는 결혼 생활을 하는 사람이 어떻게 행복한 삶을 살아갈 수 있겠는가? 그러한 삶에서 벗어나는 방법은 정기적으로 마음속의 앙금을 다 쏟아내 버리고, 새롭게 시작하는 것이다.

새롭게 시작하기 위해서는 하루 동안 원 없이 후회해 보고, 원 없이 하고 싶은 것을 해 보고, 원 없이 그동안 응어리 졌던 것에 대해 보복할 수 있는 행동을 해 보는 것이다. 그렇게 하고 나서 다시 새롭게 결혼생활을 다시 시작하는 것이다. 그렇게 일 년을 행복하게 살아가는 것이다.

그 어떤 성인군자라도 자신의 마음속에 생긴 응어리와 불만을 적절하게 배출해 내고 없애지 않는다면 상대방과 함께 행복한 삶을 살아가지 못한다. 그렇기 때문에 딱 하루 동안만 결혼을 원 없이 후회해 보는 것은 후회 없는 결혼 생활을 하기 위한 방편인 것이다.

딱 하루 동안만 결혼을 원 없이 후회하라고 하는 이유 중 하나는 정말로 결혼 생활이 그렇게도 불만이 많은 사람들에게만 하는 말은 절대로 아니다. 우리가 살다 보면 어떤 커플도 불만이 생기게 마련이다. 부부싸움을 안 하고 평생 사는 사람이 없는 것처럼 가장 가깝게 살을 맞대고 살다 보면 정말로 너무나 많은 감당이 안 되는 불만이 생기기 마련이다.

문제는 그러한 불만이 생긴다는 것이 아니라 그러한 불만을 그때그때 제대로 해소하지 못한다는 것이 가장 큰 문제인 것이다. 처음에는 그것이 그렇게 치명적인 것이 아니기에 우리는 그냥 넘어갈 수 있다. 그다음에도 이것은 달라지지 않는다. 하지만 그것이 하나하나 쌓이면서 백 개가 되고 천 개가 되면 어느 순간 작은 깃털에도 집이 무너질 수 있고, 눈송이 하나에도 헛간이 무너질 수 있는 것처럼 아주 사소하고 가벼운 불만 하나가 이혼하게 만드는 기폭제가 될 수도 있는 것이다.

천 번을 참았다면 그것이 잘한 것이 아니다. 천 개의 작은 화약고를 스스로 만들고 축적해 나갔다는 것을 의미하기 때문이다. 그렇기 때문에 우리는 천 번을 다 채울 때까지 참으면서 살지 않아야 한다. 그때그때 불만을 해소해야 한다. 가슴 속에 응어리진 것을 완전하게 비워 내야 한다. 그래야 더 상대방을 이해할 수 있게 되고 더 충실하게 가정생활을 할 수 있게 된다. 그리고 무엇보다 행복한 결혼 생활을 할 수 있게 되는 것이다.

가슴 뛰는 인생 후반전을 위해 33. 아침밥 달라고 목숨 내놓고 말해 보자.

언제부터인가 아침밥이 우리의 생활에서 사라졌다. 총각 시절에는 당연히 회사에 출근을 하여 회사에서 밥을 먹거나, 회사 근처에서 밥을 먹을 수 있었다. 솔직히 혼자 살 때에는 그것이 더 편하고 좋았다. 그리고 아침밥을 먹으면서 우리는 스스로에게 새로운 하루가 시작되었으므로 최선을 다해 살아가고자 스스로 다짐하는 하나의 의식과도 같은 시간을 가진다.

그것은 항상 규칙적으로 행해시고 빈복되는 의식과 같은 일, 즉 리추얼(ritual, (항상 규칙적으로 행하는) 의식과 같은 일)이다. 개인마다 이러한 리추얼은 가지고 있을 것이다. 어떤 사람에게는 퇴근 후에 습관적으로 가는 장소나 행하는 행동이 있을 것이고, 아침에 일어나자 마자 반복적으로 하는 어떤 행동이 있을 수 있을 것이다. 누구는 잠자기 직전에 조용히 하루를 반성하며 묵상하거나 기도를 하는 습관을 가지고 있을 수도 있을 것이다. 이런 것들이 모두 리추얼이다.

그런데 필자에게 하나의 리추얼이었던 아침 식사시간이 결혼을 하고 나서는 새로운 형태의 리추얼로 전환이 되었다. 눈부신 결혼을 하고 나서 신혼여행을 갔다 온 후 첫 출근을 하는 날 아침에 아내로부터 제공받은 아침상은 눈부셨다.

이것이 행복이고, 이것이 새로운 리추얼이었다. 그런데 그 행복은 한 달도 지속되지 못했다. 자의반 타의반으로 아침에 집에서 밥을 먹기 위해서는 한 시간 정도 더 일찍 일어나야 했다. 회사일에 지치다 보면 아침에 한 시간 더 잠을 자는 것이 이 세상의 그 무엇보다도 더 소중한 시간이었다. 그 시간을 아침 식사로 대체하고 싶은 마음은 꿈에도 없었다.

결국 회사 가서 밥을 먹으면 더 편하다는 사실에 대해 이해를 시키고 그 후부터 아침밥은 내 인생에서 사라졌다. 회사에 출근한 후 아침밥을 먹는 삶이 다시 시작되었다. 총각 시절로 다시 되돌아갔던 것이다.

그렇게 십 년 가까이 살다가 회사를 그만두고 나서 백수 생활을 하기 시작했다. 문제는 이때부터 발생했다. 보통 아내와 자녀들은 간편한 아침 식사를 하는 것에 매우 익숙해졌다. 빵, 토스트, 우유, 과일, 요플레, 밥과 간단한 반찬 등이 어우러져서 간편 식단으로 아침을 먹는 생활을 십 년 넘게 해 왔다. 그동안 필자는 회사에 일찍 출근해서 그 사실을 몰랐던 나는 당황할 수밖에 없었다.

내가 회사에서 매일 먹었던 아침밥과 집에서 아내가 먹는 아침밥은 차원이 달랐던 것이다. 매일 밥을 먹던 사람이 컵라면을 먹어야 하는 것과 다를 바 없는 상황이었다. 컵라면과 같은 간단한 아침 식사로는 제대로 된 리추얼이 되지 못했다. 하지만 직장도 그만두고 자기의 삶을 살겠다고 가장의 책임을 저버린(?) 무책임하고 못마땅한 남편을 위해서 그 어떤 천사표 아내가 거나한 아침 밥상을 차려 줄 것인가?

돈을 엄청나게 벌어다 주는 그런 남편이라면 몰라도 말이다. 이혼당하지 않고, 집에서 쫓겨 나가지 않은 것만 해도 다행이라고 나는 생각한다. 지금도.

결국 나에게 있어서 가장 중요한 리추얼이 완전히 사라진 것이다. 백수 생활의 아픔 가운데 하나는 바로 이것이다. 자신의 삶의 방식을 누구에게라도 요구할 수 없다는 것이다. 행복하고 다양한 삶이란 이러한 의식과 같은 자신만의 리추얼이 풍부하고 오래 지속되는 삶이라고 할 수 있다. 이것은 사람에게 정서적으로 안정과 만족을 동시에 선사하기 때문이다.

우리가 인생을 살면서 자꾸 움츠러드는 이유 중에 하나는 자기 자신은 그럴 자격이 없다고 스스로 생각해 버려서 그 어떤 것도 이 세상에 요구하지 않는 태도 때문이다. 우리가 아내에게 비록 백수라 해도 당당하게 아침밥을 제대로 달라고 목숨 내놓고(?) 얘기할 수 있어야 한다. 이것은 작은 하나의 예에 불과하다.

우리는 이 세상에 대해 최고를 고집하고, 최고를 요구할 줄 알아야 한다. 최고를 요구하는 사람은 자기 자신에 대해 누구보다 더 큰 자긍심을 가지고 있는 사람이고, 자신이 요구하는 만큼 최고의 것으로 이 세상에 내놓겠다고 하는 자신감을 가지고 있는 사람이다. 우리에게 필요한 것은 바로 이런 정신이다.

이러한 정신과 자세가 필요하였을 때는 우리가 잘 나갈 때가 아니라 인생에서 가장 밑바닥 인생을 경험할 때이다. 그때 우리는 가장 움츠러들기 쉽고, 좌절하기 쉽기 때문이다. 움츠러들게 되면 인간은 한없이 자신이 작게 느껴진다. 그리고 그러한 느낌과 의식은 실제로 자신을 그러한 사람으로 만들어 버린다. 그런 점에서 우리는 움츠러들지 않기 위해 노력해야 한다.

움츠러들게 되면 사는 게 재미없고 우울해진다. 그렇게 되면 정말로 무기력한 삶을 살아가게 된다. 재미있고 유쾌하게 사는 사람들이 창조적일 뿐만 아니라 타인에게 더 협조적이기 때문에 관계도 좋아진다. 좋은 인간관계는 혼자 살 수 없는 사회적 인간인 우리에게는 성공과 실패를 결정짓거나 영향을 미칠 수 있는 중요한 요소임을 부인할 수 있는 사람은 한 명도 없다.

남자나 여자나 움츠러들게 되는 시작점은 가정이다. 가정에서 아침밥 달라고 당당하게 말 할 수 있어야 세상에 나와서도 당당하게 요구하고 행동할 수 있다. 남편이든 아내든 배우자의 기를 살려 줄 필요가 이래서 있는 것이다. 아내든 남편이든 상대방이 무엇인가를 낭낭하게 요구할 때, 그것을 귀찮아하지 말고 감사해야 한다. 아침밥 달라고 당당하게 요구하지 못 하는 남편이 있다면 심각하게 걱정해야 한다. 그런 사람은 이미 회복하기가 매우 힘들 정도로 너무 움츠러든 사람이기 때문이다.

가슴 뛰는 인생 후반전을 위해 34. 늦기 전에 뭔가를 시작 해 보자.

가슴 뛰는 인생은 뭐니 뭐니 해도 자신이 좋아하는 그 무엇인가를 발견하고 그것을 시작하는 것이다. 우리를 행복하게 해 주고 행복하게 살 수 있기 위해서 필요한 것들이 완전히 없다고 하는 것은 무리가 다소 따른다. 왜냐하면 어느 정도의 기본적인 욕구가 충족되어야 다른 고차원적인 것들에 대해 비로소 의식이 깨어나기 때문이다.

경제적인 문제도 이와 같다.

수입이 2만 달러인 사람보다 수입이 5만 달러인 사람이 두 배 이상 행복하다고 카네만 교수는 행복에 대해서 연구한 결과를 발표한 적이 있다. 그런데 재미있는 사실은 수입이 5만 달러 이상부터는 행복 수준이 비슷하게 된다는 것이다. 그래서 수입이 9만 달러가 되어도 5만 달러를 벌 때와 행복의 차이는 별로 없다는 것이다.

결국 기본적인 욕구가 충족되는 수준에 도달하게 되면 그 이상은 잉여적인 조건이 된다는 것이다. 우리가 행복하게 살기 위해서는 차고 넘칠 때까지 돈을 벌어야 하는 것이 아니라 기본적인 욕구를 충족시켜 줄 수 있을 만큼의 약간 충분한 돈을 벌면 된다. 그리고 그러한 수준이 되었을 때 가슴 뛰는 인생을 살아갈 수 있게 된다.

가슴 뛰는 인생을 살아갈 수 있는 사람과 그렇지 못한 사람이 기본적인 욕구를 충족시켜 줄 수 있는 그런 생활 여건을 갖추 사람들 중에서 갈리는 가장 큰 원인은 자신이 뭔가를 시작하느냐 안 하느냐이다. 전자와 후자를 가르는 기준은 능동적이고 적극적인 삶을 스스로 살아가느냐 아니면 수동적이고 소극적인 삶을 살아가느냐이다.

가슴 뛰는 인생을 살아가는 것은 가장 훌륭한 삶의 모습이다. 이러한 삶을 살기 위해서는 자기가 좋아하는 무엇인가를 새롭게 시작하는 것이 중요하다. 인생의 후반전을 뜨겁게 살고자 한다면 새로운 무엇인가를 끊임없이 시작하고 도전해 보는 것이 가장 중요하다.

은퇴 후에 그저 죽는 날 만을 기다리며 하루하루를 보내는 것이 얼마나 어리석고 잘못된 생각인지를 너무나 생생하게 깨닫게 해 주는 '어느 95세 어른의 수기' 라는 제목의 신문 칼럼

이 있다.

“ 나는 젊었을 때 정말 열심히 일했습니다.

그 결과 나는 실력을 인정받았고 존경을 받았습니다.

그 덕에 63세 때 당당한 은퇴를 할 수 있었죠.

그런 지금 95번째 생일에

얼마나 후회의 눈물을 흘렸는지 모릅니다.

나의 65년의 생애는 자랑스럽고 떳떳했지만,

이후 30년은 삶은

부끄럽고 후회되고 비통한 삶이었습니다.

나는 퇴직 후

이제 다 살았다. 남은 인생은 그냥 덤이다.

그런 생각으로 그저 고통 없이 죽기만을 기다렸습니다

덧없고 희망이 없는 삶 ...

그런 삶을 무려 30년이나 살았습니다.

30년의 시간은

지금 내 나이 95세로 보면 ...

3분의 1에 해당하는 기나긴 시간입니다.

만일 내가 퇴직을 할 때

앞으로 30년을 더 살 수 있다고 생각했다면

난 정말 그렇게 살지는 않았을 것입니다.

나는 지금 95세지만 정신이 또렷합니다.

앞으로 10년, 20년을 더 살지 모릅니다.

이제 나는

하고 싶었던 어학공부를 시작하려 합니다.

그 이유는 단 한 가지...

10년 후 맞이하게 될 105번째 생일날!

95세 때 왜 아무것도 시작하지 않았는지

후회하지 않기 위해서입니다. “

아주 오래전 동아일보에 실린 칼럼 기사이다. 이처럼 우리가 후회하지 않기 위해서라도 우리는 새로운 무엇인가를 시작할 수 있어야 한다. 먹고 사는 것이 어느 정도 해결이 되었다면 이제는 가슴 뛰는 인생을 위해 땀을 흘려야 한다.

우리 삶을 풍요롭게 해 주는 것은 넘치는 돈이 아니라 끊임없이 시도하고 도전하며 살아가는 생동감 있는 삶이다. 교도소에 있는 사람들의 삶이 형편없는 것은 스스로 아무것도 도전하며 살아가기에는 너무 제한적인 공간이기 때문이다. 하지만 우리는 자유로운 환경에서도 감옥에 있는 사람보다 더 못한 삶을 살아가고 있는지도 모른다. 우리에게 필요한 것은 능동적이고 주도적인 삶이며 다양하고 풍요로운 도전과 모험이다.

20대와 30대 때는 앞만 보고 열심히 달렸던 그런 시절이다. 그리고 그렇게 앞만 보고 열심히 달려도 크게 문제가 될 것이 없었던 시절이다. 대부분의 삶이 그 시절에는 엇비슷하기 때문이다. 그리고 그 시절에는 무엇보다 많은 경험을 해보고, 많은 시행착오와 실패를 겪어 보는 것이 오히려 실패나 시행착오를 해 보지 않고 안전하고 성공적인 삶을 근근이 살아가는 것보다 훨씬 더 나을 수 있기 때문이다.

40대부터의 삶은 이전까지의 삶과는 다른 성격의 삶이다. 오롯이 자기 자신이 주인이 되어야 하고, 남과 다른 자신만의 길을 발견해야 한다. 이렇게 주도적으로 자신의 삶의 주인이 되기 위해서는 창조적인 고독과 능동적인 사색을 해야 한다.

창조적인 고독이라고 하는 것은 타인에 의한 고립이 아니라 스스로 자기 자신에게 창조적인 삶을 개발하고 만들어갈 수 있도록 자신의 역량을 발휘해 낼 수 있는 방법과 길을 궁리할 수 있는 기회를 제공해 주는 창조적 공간을 만드는 것을 의미한다. 그러한 창조적 공간을 스스로 만들고 그곳에서 능동적인 사색, 살아가는 대로 생각하는 것이 아니라 생각하는 대로 살기 위해

먼저 능동적인 사색을 해야 할 필요가 있다.

인생의 절반을 살아온 40대들에게는 이러한 시간과 공간이 절대적으로 필요한 요소이다. 기업의 경영자들뿐만 아니라 일반 개인들도 이러한 시간은 반드시 필요하다. 마이크로소프트사의 빌 게이츠가 왜 바쁜 시간을 낭비하면서까지 일 년에 두 번씩 외딴 별장에서 일주일 동안 타인의 접근을 막고 고독한 시간을 보내면서 '생각 주간'을 가지고 있는가를 생각해 보라.

한 시대를 풍미했던 거대 기업 IBM의 모토가 '생각하라(THINK)'였고, 인류에게 스마트폰 혁명이란 혁신을 가져다준 애플의 모토가 '다르게 생각하라(THINK DIFFERENT)'였다는 사실에서 우리는 사색의 중요성을 절대 간과해서는 안 된다.

30년 전에는 이류 기업에 불과했던 삼성을 30년 동안 300배나 성장시켜 거대한 기업 소니를 제치고, 세계적인 초일류 기업으로 삼성을 성장시킨 이건희의 남다른 점이 바로 창조적 고독과 사색이라는 점은 우리에게 시사 하는 바가 적지 않을 것이다.

'은둔의 경영자' 라는 말이 있을 정도로 스스로를 고립시킨 채 생각하고 또 생각하기를 즐겼던 이건희는 바로 이러한 고독과 사색을 통해 삼성을 초일류 기업으로 성장시킨 리더였음을 우리는 잘 알고 있다. 이건희에게는 남다른 사고법이 있다. 바로 '입체적 사고의 틀' 이다. 이러한 입체적 사고는 본질을 꿰뚫어 볼 수 있게 해 주기 때문에 창조적으로 기업을 경영해야 하는 경영자는 물론이고 스스로 창조적인 삶을 개척해 나가기를 원하는 개인에게도 반드시 필요한 자질이다.

" 그저 생각 없이 화면만 보면 움직이는 그림에 불과하지만, 이처럼 여러 각도에서 보면 한 편의 소설, 작은 세계를 만나게 되는 것이다. 이런 방식으로 영화를 보려면 처음에는 무척 힘들고 바쁘다. 그러나 그것이 습관으로 굳어지면 입체적으로 생각하는 사고의 틀이 만들어진다. 음악을 들을 때나 미술 작품을 감상할 때, 또 일할 때에도 새로운 차원에서 눈을 뜨게 된다."
< 홍하상, [이건희], 한국경제신문. 54쪽 >

스스로 창조적인 고독과 능동적인 사색을 즐길 수 있는 그러한 시간과 공간을 자발적으로 가질 때 우리는 좀 더 본질을 꿰뚫어 볼 수 있는 통찰력을 키울 수 있다. 어떤 사람들은 독서를

통해 이러한 시간을 가지고, 누구는 혼자만의 여행을 통해 가진다. 이건희는 영화를 수십번 되풀이해서 보면서 입체적 사고를 한다. 누구는 수 십 권의 책을 빠르게 섭렵하면서 사유의 경계를 넘나들고, 사유의 지평을 확장시키고, 누구는 한 권의 책을 천천히 곱씹으면서 이러한 행위를 한다.

[이코노믹 씽킹(원제: The Economic Naturalist)]의 저자인 로버트 프랭크Robert H. Frank는 본질을 통찰하는 생각을 해야 하는 이유에 대해서 여러 가지 사례를 소개하면서 우리에게 생각과 통찰력의 중요성에 대해 설파했다.

대부분의 음료수병, 콜라, 환타, 사이다 등은 원통형 병이다. 그런데 우유의 경우는 이와 다르다. 우유는 보통 우유 팩으로 되어 있고, 직사각형이 대부분을 차지한다. 최근에는 원통형 플라스틱도 출시되고 있지만 여전히 사각형 우유 팩이 대세이다.

쉽고 편하게 마셔야 하는 음료수와 달리 우유는 신선해야 하고, 우리의 주식으로도 사용가능하며, 식사와 함께 먹을 수 있는 음식에 해당한다는 미묘한 차이를 발견하는 사람이 그렇지 못한 사람보다 뭘 해도 잘할 수 있는 사람이다. 또한 대부분의 음료수들은 구매 비용도 저렴하고 운영비용 역시 거의 들지 않는 일반 선반에 진열이 가능하다. 하지만 우유는 일반 상온에서 상할 수 있는 음식이다. 그래서 음료수와 달리 값싼 일반 선반에 진열하거나 보관할 수 없다. 값이 비싸고 운영비용도 많이 들어가야 하는 냉장 진열장은 일반 선반보다 비용이 많이 들어가기 때문에 상대적으로 공간이 작을 수밖에 없다.

이런 작은 공간에 더 많은 제품을 진열하기 위해서는 원형이 아닌 사각형의 제품이 더 유리하다. 그렇기 때문에 가게 주인들은 원형으로 된 우유 팩보다 사각형의 우유 팩을 더 선호할 수밖에 없는 것이다.

당신이 우유 회사의 경영자가 되었는데, 아무 생각도 없이 우유팩을 새롭게 원형으로 만들어 보라고 지시한다고 생각 해 보자. 여러 마트에서 주문이 갑자기 끊어지게 될 것이다. 중요한 것은 생각 좀 하며 살아야 한다는 것이다. 사물의 본질을 가장 잘 꿰뚫어 볼 수 있는 사람이 성공하게 되는 것은 매우 당연한 것이다.

고객들이 어떤 제품을 좋아하고, 사람들이 어떤 것을 선호하는 지에 대하여 통찰할 수 있다면 당신은 성공할 수 있다. 그리고 그렇게 되기 위해서는 창조적인 고독과 능동적인 사색을 즐길 줄 아는 사람이 되어야 하는 것이다.

‘ 백 번 싸워 백 번 이기는 것이 최선이 아니라 싸우지 않고

적을 굴복시기는 것이야말로 최선이다.’

<손자병법의 손무>

제8장. 의식과 사고의 도약을 경험해 보자.

" 바꿀 수 없는 것을 잊는 사람은 행복하다."

-- 독일 속담

" 싸워야 할 가장 큰 적은 바로 우리들 자신 속에 있다."

- 세르반테스 -

.

가슴 뛰는 인생 후반전을 위해 36. 자신의 삶의 혁명가가 되어 보자.

우리는 언제나 어제와 다른 삶을 꿈꾼다. 그것이 우리가 우리의 삶의 혁명가가 되어야 하는 이유이다. 혁명가가 되지 않는다면 우리는 어제와 다른 삶을 일구어 내지 못하기 때문이다. 어제와 다른 삶이란 살고 싶은 대로 한 번 살아보는 삶이다.

자신의 삶의 혁명가가 될 수 있는 사람만이 인생을 다시 시작할 수 있다. 그런 점에서 가슴 뛰는 인생 후반전을 살고 싶은 사람은 모두 자신의 삶의 혁명가가 되어야 한다. 브라질의 세계적인 베스트셀러 작가인 파울로 코엘료Paulo Coelho 역시 우리가 원하는 그런 자신의 삶을 진정으로 혁명한 사람 중 한 명이다.

한국 사회의 많은 청소년들이 겪게 되는 문제 중에서 가장 흔한 문제가 자신의 진로를 부모님들이 강요하는 문제이다. 그런데 브라질의 중산층에서 태어난 그는 기술자가 되기를 원하는 부모님 때문에 불행한 청소년기를 보내야만 했다. 우울증과 분노, 심한 갈증과 스트레스로 십대 때 벌써 세 차례나 정신병원에 입원해야 했다.

청년 시절이라고 그의 삶은 평탄하지 않았다. 브라질 군사독재에 반대하다 두 번씩이나 수감되어 혹독한 고문을 당해야 했다. 감옥을 나온 후에는 히피 문화에 심취하여 록밴드르르 결성하기도 했으며, 배우, 연극 연출가, TV 프로듀서 등으로도 활동하며 다양한 이력을 쌓았다.

그런데 그가 자신의 삶을 극적으로 혁명하는 혁명가가 된 것이다. 그는 마흔 살에 자신의 첫 작품인 <순례자>를 세상에 내놓았고, 그때부터 그는 작가로서의 삶을 살아갈 수 있게 되었다. 그다음 해에 내놓은 <연금술사>로 그는 세계적인 작가의 반열에 오르게 되었다.

나이 마흔 즈음에 자신의 삶을 혁명하는 혁명가가 되어 눈부신 인생을 살아가고 있는 사람들이 적지 않다. 한국 문학의 거목인 고 박완서 소설가는 네 딸과 외아들을 낳아 키우는 평범한 가정주부로 살다가 느닷없이 나이 마흔 살이 되던 해인 1970년에 장편 소설 [나목]을 썼다. 그녀에게는 그것이 자신의 평범했던 가정주부로서의 삶을 혁명하는 것이 되었던 것이다. <여성 동아>에 보낸 그 소설이 당선되면서 그녀는 소설가로서의 삶으로 삶의 혁명에 성공하게 되었던 것이다.

자신의 삶의 혁명가가 되기 위해 우리가 반드시 명심해야 할 한 가지 사실은 반드시 행동에 옮겨야 한다는 것이다. 아무리 큰 결단을 한다 해도 행동하지 않게 되면 그것은 진정한 혁명이 아니다. 세익스피어는 '호소력을 가진 것은 행동이다.' 라고 말한 적이 있다. 일단 행동을 하게 되면 이 세상도 그 전과는 다르게 반응한다는 사실을 우리는 명심해야 한다.

행동의 중요성에 대해 강조한 사람을 두 사람만 손꼽으라고 한다면 현대 경영학의 창시자인 피터 드러커와 이와 정반대의 분야인 시인 라빈드라나드 타고르Rabindranath Tagore를 들 수 있다.

피터 드러커는 '꿈과 목표와 신념을 실천하는 일, 즉 성공을 이루는 유일한 방법은 행동이다.' 라고 말하면서 행동의 중요성을 강조했고, 노벨 문학상 수상자인 타고르는 '물을 바라보는 것만으로는 바다를 건널 수 없다.' 라고 시적으로 표현을 했다. 괴테도 역시 '무엇이든 할 수 있다고 생각되면 당장 시작하라. 대담한 행동 안에 천재성과 힘과 마법이 있기 때문' 이라고 말했다.

자신의 삶의 혁명가가 되기 위해서는 계획을 행동으로 옮기는 실천과 함께 중요시 되는 것이 있다. 그것은 '이전과는 전혀 다른 방법'을 강구해야 한다는 것이다. 아인슈타인은 '똑같은 일을 비슷한 방법으로 계속하면서 나아질 것을 기대하는 만큼 어리석은 일은 없다.'고 말했다. 이 말처럼 우리가 어제와 다른 삶을 살기 위해서는 어제 했던 그 방식대로 살아가서는 안 된다. 전혀 다른 방식을 궁리해야 한다. 그것이 혁명의 첫 단계인 것이다.

삶의 혁명을 이루기 위해 우리는 어제와 다른 방식을 추구해야 하고, 늘 다니던 길에서 벗어나 숲 속으로 과감하게 몸을 던져야 하고, 익숙한 것들과 결별을 선언해야 하고, 자기 자신도 그리고 남들도 한 번도 해 보지 않은 일에 도전해야 한다.

현대 무용의 창시자로 평가받고 있는 이사도라 던컨 Isadora Duncan은 진정한 혁신가라고 볼 수 있다. 그녀는 처음에는 '정식 무용 교육도 받지 못한 아마추어'라는 비웃음을 받을 정도로 형편없는 무용가였다. 하지만 그는 고전 무용을 혁신하여 최초의 현대 무용가가 되었다.

그녀가 현대 무용에 많은 영향을 주고, 새로운 무용 분야인 현대 무용의 길을 활짝 열 수 있었던 것은 지금까지 익숙해져 왔던 것들과 결별을 선언하고, 그 누구도 한 번도 시도해 보지 않았던 방식과 일에 과감하게 도전을 할 수 있었기 때문이다.

이처럼 자신의 삶의 혁명가가 되기 위해서는 새로운 도전을 해야 한다. 지금까지 아무도 시도하지 않았던 새로운 분야, 새로운 직업, 새로운 일에 도전해야 한다. 경영에 인문학을 접목시켜 새로운 분야를 개척한 구본형 작가나 한국 사회에 생소했던 1인 기업가의 길을 개척한 공병호 작가는 모두 자신의 삶의 혁명가이다.

이 두 사람의 가장 큰 공통점은 모두 40대를 전후해서 그동안 익숙하게 해 왔던 직장을 그만두고 새로운 분야, 새로운 일, 새로운 도전을 했다는 것이다. 그 결과 이 두 사람은 진정한 삶의 혁명가가 될 수 있었던 것이다.

40대의 우리들도 역시 지금까지 해 오던 것을 과감하게 그만두고 가슴 뛰는 인생 후반전을 위해 우리 자신을 혁명하는 삶의 혁명가로 거듭나야 한다. 그렇게 하기 위해서 가장 좋은 시절은 바로 40대이다.

40대가 가장 좋은 혁명의 시기라는 사실에 대해 필자가 확신

하는 이유는 필자 역시 인생의 혁명을 시도하고 성공한 시기가 바로 40대였으며, 공병호 작가, 구본형 작가, 박완서 소설가, 파울루 코엘류 등이 모두 40대 때 혁명을 시도하여 성공한 인물들이기 때문이다. 그렇기 때문에 40대는 삶의 혁명을 이룩하고, 자기 자신을 혁명하기에 가장 좋은 시기인 것이다.

그러므로 40대를 살아가고 있는 우리들은 삶의 혁명가가 되기에 가장 좋은 시기를 살아가고 있는 셈이다. 그러므로 힘을 내고 용기를 내어 삶의 혁명가에 과감하게 도전해야 한다. 지금 하지 못하고 50대가 되고, 60대가 되면 두 배 세 배 더 힘이 들고, 성공 확률도 더 낮아진다는 사실을 명심하자.

가슴 뛰는 인생 후반전을 위해 37. 의식과 사고의 도약을 경험해 보자.

우리 주위를 보면 매일 불평과 불만과 분노와 후회와 걱정과 근심과 여러 가지 온갖 문제로 신음하면서 살아가는 사람들이 있다. 물론 그 어떤 사람도 인생이 여러 가지 문제에서 완전하게 자유로울 수는 없다. 하지만 그럼에도 어떤 사람들을 보면 항상 기쁨과 즐거움과 평안과 여유로 행복하게 살아가는 사람들이 있다.

과연 이 두 부류의 차이는 무엇일까? 마치 전혀 다른 세상을 살아가고 있는 듯한 착각을 하게 만들 정도로 이 두 부류의 사람들의 삶의 방식은 전혀 다르다. 이 두 부류의 차이를 곰곰이 생각해 보면 그 차이를 만드는 것이 절대적으로 외부의 환경이나 삶의 조건이 아니라는 사실을 쉽게 알아차릴 수 있다.

똑같은 현실, 똑같은 상황에서 한 사람은 마음이 평안하고 기쁨을 느끼지만, 또 다른 한 사람은 불안과 분노를 느낀다. 즉 이 두 부류의 사람들을 가르는 차이는 결국 내면에서 비롯된다는 것을 알 수 있게 된다.

우리가 우리의 내면, 즉 의식과 사고의 수준을 향상시켜야 할 이유가 바로 여기에 있다. 지금까지는 막연하게 의식과 사고의 수준을 이야기 했지만, [의식혁명]의 저자인 데이비스 호킨스 박사는 '운동 역학 이론'을 바탕으로 하여 인간의 의식 세계를 과학적으로 입증해내는 노력을 꾸준히 하여 이 분야에 선구자적인 독보적인 위치를 확립한 인물이다.

그는 인간의 의식 수준을 1부터 1,000까지의 척도로 수치화한 지표인 의식 지도를 제시해 주었다. 그가 제시하는 의식 지도를 기준으로 볼 때, 분노, 죄책감, 욕망 등과 같은 의식 수준은 매우 낮은 수준이고, 사랑, 평화, 깨달음 등과 같은 의식 수준은 높은 의식 수준이다. 중요한 점은 우리의 의식 수준이 높아질수록 우리는 더 행복하고 풍요로운 삶을 살아 갈 수 있다고 그가 말하고 있다는 점이다. 심지어 우리가 아프고 괴로운 것은 모두 우리의 의식 수준이 낮기 때문이라고 말할 수 있다는 것이다.

의식과 사고 수준이 높은 사람일수록 부침이 심한 인생을 살면서 덜 요동치게 된다. 인생을 살다 보면 너무나 많은 일들을 당하게 되고 겪게 된다. 그 때마다 분노와 슬픔과 아픔과 후회와 죄책감으로 고통 받으며 살아갈 것인지, 아니면 시련과 역경이

닥쳐온 다해도 희망과 용서와 연민과 사랑으로 평안 가운데서 살아갈 것인지는 오롯이 자신의 의식과 사고 수준에 따라 결정된다.

똑같은 현실을 만났을 때, 의식과 사고 수준이 낮은 사람일수록 더 큰 분노에 휩싸이게 되고, 그로 인해 파괴적인 행동을 하게 된다. 신문에 보면 자주 나오는 끔찍한 기사가 여자 친구가 헤어지자고 통보했다고 해서 여자 친구를 살해하고 그 여자 친구의 어머니까지 살해했다는 기사이거나, 내연관계의 여자가 헤어지자고 했을 때 분노와 배신감을 참지 못하고 그 여자를 살해하고 주위 사람들까지도 살해하는 그런 기사들이다.

이러한 행동을 하는 사람들의 가장 큰 문제는 의식과 사고 수준이 너무 낮다는 것이다. 우리 인간은 우리의 의식과 사고 수준을 넘어서 살아갈 수 없는 존재들이다. 즉 우리의 인생을 이끌어 가는 것은 우리의 의식과 사고이다. 그렇기 때문에 의식과 사고 수준이 높은 사람일수록 똑같은 상황을 만났을 때, 좀 더 다른 방법, 다른 행동을 선택하게 된다.

가령 의식과 사고 수준이 높은 사람은 상대방이 헤어지자고 했을 경우, 약간의 배신감과 분노를 느낄 수 있을 것이다. 하지만 그러한 배신감과 분노가 자신을 사로잡아서 해서는 안 되는 일을 서슴없이 할 수 있도록 자신을 무방비로 허용하지 않는 다는 것이다. 이런 사람들도 사람이기에 배신감과 분노를 느낄 수 있고, 그것은 당연한 것이다. 하지만 분노와 배신감보다도 더 큰 연민과 사랑과 용서를 느끼게 되고, 조용히 상대방을 놓아 주게 되는 것이다. 그 결과 그 순간은 참기 힘든 고통의 순간이지만 이내 곧 마음의 평화를 회복할 수 있고, 모든 것이 제 자리로 되돌아가게 된다.

결과적으로 이렇게 용서하고 연민하는 행동을 한 사람은 멀지 않아 더 좋은 상대를 만나게 되고, 더 좋은 인생을 살아가게 된다.

그렇다면 의식과 사고의 수준을 향상시키기 위해서는 어떻게 해야 하는 것일까? 필자가 제안하는 최고의 방법은 독서이다. 독서를 통해 우리는 너무나 다양한 인생과 인물들을 만나서 이야기를 나눌 수 있다. 그 결과 우리는 의식과 사고를 확장할 수 있고, 다양한 사유를 경험할 수 있다.

의식과 사고의 도약을 경험할 때 우리의 인생과 우리 자신이 함께 도약하게 되고 성장하고 발전하게 된다는 것을 우리는 알아야 한다. 돈을 많이 버는 것보다 더 중요한 것은 사실상 의식과 사고의 도약이다. 돈이 1억이 있는 사람이 1,000억을 가진 사람이 된다고 해서 그 사람 자체가 바뀌는 것은 아니다. 하지만 의식과 사고의 도약을 하여 의식 수준이 급격하게 높아진 사람은 그 사람 자체가 작은 소인배에서 큰 거인으로 바뀐 것이다.

그런 점에서 우리가 인생을 살면서 더 치중해야 하는 것은 돈을 벌거나 외형적인 성공이 아니라 내면의 성장과 발전인 것이다. 의식과 사고의 수준이 높아진 사람들은 당연히 세상의 본질을 꿰뚫어 볼 수 있는 통찰력과 어떤 상황에서도 정확한 판단을 할 수 있는 판단력이 있기 때문에 무엇을 해도 그 이전보다는 훨씬 더 잘 해낼 수 있게 된다. 그래서 이런 사람들이 성공하게 되는 것은 당연한 것이라고 할 수 있다.

의식과 사고의 수준을 향상시키지 않으면 몸과 나이는 어른이지만, 마음은 어린아이와 같아서 세상을 제대로 살아나가지 못하는 사람으로 전락할 수 있다. 이런 사람들은 어떤 큰 일이 발생했을 때 무엇을 어떻게 해야 할지 판단할 수가 없게 된다. 의식과 사고의 수준을 향상시켜야 할 이유가 여기에도 있는 것이다. 좀 더 의연하게 삶을 살아나가기 위해서 필요한 것은 돈이나 명성이 아니라 향상된 의식과 사고력인 것이다.

가슴 뛰는 인생 후반전을 위해 38. 오늘보다는 더 아름다운 내일을 만들어보자.

인생의 비밀 중 하나는 우리가 어제 했던 생각들 중에 대부분의 것들을 오늘 또다시 생각한다는 것이다. 그리고 오늘 우리가 했던 생각들 중에 80~ 90% 이상을 여전히 내일 또 반복한다는 것이다. 결국 우리는 어제와 다를 바 없는 오늘을 살고, 오늘과 다를 바 없는 내일을 산다. 그리고 그 이유는 우리의 생각 때문이다.

결국 어제와 다른 오늘을 그토록 살고자 몸부림치지만 어제와 별반 다를 바 없는 오늘을 평생 수천수만 번 반복하면서 살아가는 이유는 우리는 우리의 사고의 틀을 스스로 깨거나 벗어날 수 없는 존재이기 때문이다.

결국 큰일을 만나서 큰 충격을 받든지, 아니면 도끼로 우리의 머리를 내리치듯 큰 감동과 충격을 받는 그런 책을 읽든지 아니면 그 정도의 충격을 줄 수 있는 영화나 여행을 하거나 사람을 만나든지 해야 비로소 우리의 사고의 틀이 약간이라도 바뀔 수 있고, 그로 인해 과거의 사고의 틀에서 조금이라도 벗어날 수 있게 된다. 바로 이런 이유에서 우리가 많은 책을 읽을수록 더 나은 사람으로 바뀌게 되는 것이고, 많은 실패와 경험을 겪을수록 우리는 성장을 하게 되는 것이다. 그래서 '우리는 우리가 읽은 것으로 만들어진다'는 말은 틀린 말이 아니다.

우리가 오늘보다는 더 아름다운 내일을 만들 수 있기 위해서는 세상을 바라보는 관점, 시각, 견해를 바꾸어야 한다. 그리고 그러한 변화는 우리의 생각에서 비롯된다. 그렇기 때문에 생각을 바꾸어야 세상을 바라보는 관점이 달라지게 된다. 그리고 세상을 바라보는 관점이 달라져야 우리의 내일이 오늘과 달라지게 된다.

오늘보다 다른 내일을 만들기 위해서 필요한 것은 의외로 간단하다. 오늘 일상 속에서 어제와 같은 세상을 살면서도 어제와 다른 새로운 세상을 바라볼 수 있는 새로운 시각을 가지는 것이다.

어제와 다른 오늘을 살기 위해, 그리고 오늘과 다른 내일을 살기 위해 우리는 매일 이사를 가거나 여행을 가거나 회사를 옮길 수가 없다. 사는 집, 사는 동네, 만나는 사람, 출근하는 직장이 같다고 해도 우리는 어제와 다른 오늘을, 오늘과 다른 내일을 더 아름답게 만들어나갈 수 있어야 한다. 그렇게 하기 위해서는 새로운 시각, 새로운 견해, 새로운 시선으로 세상과 사람들을 바라 볼 수 있어야 한다.

프랑스의 작가 마르셀 프루스트Marcel Proust 는 '진정 무엇인가를 발견하는 여행은, 새로운 풍경을 바라보는 것이 아니라 새로운 눈을 가지는 데 있다.' 라고 말한 것처럼 우리가 날마다 새로운 여행을 하듯 매일 어제보다 더 아름답고 풍요로운 오늘을 살기 위해서는 새로운 눈, 새로운 시각, 새로운 마인드를 가져야 하는 것이다.

어제보다 더 아름다운 오늘을 살아가는 방법은 어제는 미처 깨닫지 못했던 감사의 조건을 깨닫는 것이다. 크게 아프지 않아서 일상생활을 해 나갈 수 있다는 사실에 무한 감사를 할 수 있는 새로운 눈을 가져보자. 큰 어려움 없이 하루하루 살아갈 수 있는 것에 무한 감사를 할 수 있는 부요한 생각을 가져보자. 그렇다고 이것이 현실에 안주하라고 말하는 것은 아니다.

오늘보다 더 아름다운 내일을 살아가기 위해서 우리는 오늘과 다른 시각으로 내일을 바라 볼 수 있어야 한다. 그렇게 하기 위해서는 고정된 사고의 틀에서 날마다 벗어나야 한다. 아침마다 눈을 뜰 때, 우리는 새로운 자신으로 태어나야 한다. 그러한 삶을 추구해 보라.

하루하루가 온통 환희와 열정과 호기심으로 가득 차 있게 될 것이다. 끝없이 밀려드는 업무에 지치는 하루하루를 살아갈 것인지, 날마다 환희와 열정과 호기심으로 가득 차 있는 하루하루를 살아갈 것인지는 당신의 업무가 결정하는 것이 아니라 당신 스스로 결정할 수 있다는 사실을 인식해야 한다.

우리 자신이 허락하지 않는 한 그 어떤 삶도 우리는 선택하지 않을 수 있다. 선택하지 않는 다는 것은 결국 최악의 삶을 선택한 것과 같다는 사실도 우리는 알아야 한다. 그러므로 당신의 하루하루를 당신이 선택해야 한다. 그렇게 하기 위해서는 항상 깨어있어야 한다. 유연한 사고를 할 수 있어야 하고, 새로운 눈을 항상 가져야 하는 것이다.

하루 1440분 중에 당신은 얼마나 새로운 시각으로 새로운 생각을 하기 위해 자신에게 주어진 시간을 할애했던가? 어떤 사람은 단 1분도 자신을 위해 시간을 할애하지 않고 세상의 온갖 문제와 고민거리에 아까운 시간을 전부 낭비하는 사람도 있다. 여유와 느긋함을 가지고 휴식을 취해야 하는 이유 중에 하나가 바로 여기에 있다.

차 한 잔의 여유를 누릴 수 있는 사람은 최소한 자신을 위해, 새로운 눈을 갖기 위해 잠시 멈출 줄 아는 사람이다. 어제보다 더 아름다운 내일을 살아갈 수 있는 사람들은 바로 이런 사람들이다. 잠깐 멈추어 오늘을 되돌아보고, 새로운 내일을 기대하고 소망할 수 있는 사람들이 바로 이런 사람들이다.

오늘 건강이 좋지 않아서 비실비실 거린 사람이라면 오늘보다 더 아름다운 내일을 위해 오늘 적당한 운동을 하고, 알맞은 휴식과 영양을 취할 수 있는 사람이 바로 이런 사람들이다. 오늘 능력이 부족해서 성공하지 못한 프로젝트가 있다면 오늘보다 더 아름다운 내일을 위해 공부를 하고 연습할 줄 아는 사람이 또한 바로 이런 사람들이다.

오늘보다 더 아름다운 내일을 살아갈 수 있는 사람들은 어제의 부족한 것들을 조용히 성찰하고, 그 부분에 대해 준비하고 씨를 뿌릴 수 있는 사람들이다. 아무것도 준비하지 않고 그저 열심히 살아가는 것은 오늘보다 더 아름다운 내일을 만들어 나가는 사람의 자세가 아닌 것이다. 그리고 이런 사람들은 평생 어제와 같은 오늘을 살아갈 수밖에 없는 사람들이다.

가슴 뛰는 인생 후반전을 위해 39. 두려움이라는 놈의 실체를 극복하자.

인생을 살아갈 때 무엇보다 중요한 것은 돈이 아니라 배짱이다. 아주 오래전에 읽었던 책에서 필자는 이런 이야기를 읽은 적이 있다.

아주 끔찍하고 잔인한 실험 이야기였다. 어느 사형수를 대상으로 하여, 사형수에게 사형 선고를 집행하는 것처럼 꾸미지만 실제로는 사형 선고가 아닌 실험이었다. 그런데 놀랍게도 사형수는 두려움 때문에 그 자리에서 죽었다는 이야기였다. 우리를 가장 괴롭히는 것은 바로 두려움이다.

두려움을 우리가 극복해야 하는 이유는 두려움은 그 어떤 실체보다 더 큰 영향을 끼치는 무서운 존재이기 때문이다. 그러면서도 그 실체는 사실상 우리가 스스로 만들어내는 허상에 불과하다는 사실도 우리가 두려움에 져서는 안 되는 이유 중에 하나라고 할 수 있다.

냉동 창고에 어떻게 하다가 갇히게 된 사람이 밤새 그곳에서 갇혀 있다가 다음 날 다른 사람들이 뒤늦게 알고 그를 창고에서 꺼냈을 때는 완전하게 몸이 얼어서 죽어 있었지만, 실제로 그 창고는 오래전부터 가동되지 않는 빈 창고에 불과하다는 이야기는 우리가 두려움에 얼마나 약한 존재인지를 잘 알려 주는 이야기이다.

암에 걸린 사람들도 역시 암 그 자체로 죽는 사람보다 암에 걸렸기 때문에 이제 죽을 수밖에 없다는 두려움 때문에 죽는 다는 사실을 우리는 알아야 한다. 암에 걸리게 되면 극심한 불안감에 식욕이 떨어지고, 절망과 두려움으로 지내게 된다. 결국 암 때문에 죽기 이전에 극심한 불안 증세로, 혹은 스트레스로, 혹은 영양 불균형으로 죽게 되는 것이다.

[여자 마흔, 시작하기 딱 좋은 때] 라는 책에 보면 두려움에 대해 잘 이해할 수 있는 재미있는 이야기가 실려 있다.

" 중세 유럽에 콜레라가 창궐할 당시 한 남자 앞에 검은 옷을 입은 여인이 나타났다. 남자가 여인에게 누구냐고 묻자 여인은 자신의 이름이 '콜레라' 며 다음 마을에서 여덟 명의 목숨을 빼앗을 거라고 했다. 얼마 후 남자가 그 마을에 도착해보니 100여 명의 사람이 죽어 있었다. 남자가 여덟 명을 죽인다더니 왜 이렇게 많이 죽였느냐고 묻자 여인이 대답했다.

'나는 여덟 명만 죽였어요. 나머지는 내가 온다는 소식을 듣고 두려움에 떨다 죽은 겁니다.' " < 박미현, [여자 마흔, 시작하기 딱 좋은 때], 15쪽 >

결국 사람을 죽일 수 있는 것은 그 병 자체가 아니라 실체도 없는 두려움인 것이다. 우리는 왜 이렇게 두려움이 많고, 배짱이 없을 까? 정신과 의사인 이시형 박사는 우리가 배짱이 없는 것은 너무 체면을 차리기 때문이라는 재미있는 해석을 내 놓았다.

체면의 노예가 돼버리면 적극적인 삶을 살아갈 수 없고, 겉과 속이 다른 표리부동(表裏不同)한 사람이 된다. 그런 점에서 체면을 차리지 않고 어느 정도는 배짱 있게 살아야 할 필요가 있다. 체면을 차리는 것을 엄청나게 중요시하는 한국인들은 그래서 타인의 시선을 자신의 자존감이나 생각보다 더 중요시 여긴다. 그래서 튀는 행동을 하는 것은 쌍놈이라고 스스로 욕을 하면서 스스로 표준화되고, 평준화되는 삶의 길을 선택한다.

그 결과 가장 창의적인 민족인 한국 사회에 과학 분야에 있어서 노벨상 수상자가 한 명도 없는 그런 기형적인 결과를 만들고 있는 것이다. 한국의 우수한 인재들은 모두 정해진 틀, 정해진

답, 정해진 과정이 아무리 복잡하더라도 다 찾아낼 수 있다. 그만큼 우수하다. 하지만 새롭고 간단한 틀이나 답이나 과정을 만들어보라고 하면 못 만들어 낸다.

배짱을 차리는 것은 결국 우리로 하여금 튀면 안 된다는 두려움에 사로잡히게 한다. 이러한 두려움 때문에 우리는 가장 창조적인 민족이면서도 가장 창의성을 발휘하지 못 하는 민족이 되어 가고 있다.

두려움은 우리로 하여금 그 어떤 것도 시도하지 못 하도록 우리를 가로막고 우리의 마음을 사로잡는다. 우리가 두려움의 노예가 되는 순간 우리는 아무것도 해 내지 못 하는 그런 무기력한 사람으로 전락하게 된다. 인생의 산전수전을 다 겪은 40대들이 가장 조심해야 하는 것 중에 하나가 두려움이다.

두려움을 가지는 순간, 우리는 움츠러들게 되어 있다. 그리고 그것은 자멸하는 최고의 조건이다. 두려움을 극복해내지 않고서 성공하거나 큰일을 해낸 인물은 단 한 사람도 없다. 모든 성공의 첫 단계는 두려움을 몰아내고 극복하는 것이다.

오래전에 읽었던 책에서 본 내용 중에 두려움과 관련된 이야기가 매우 많다. 그 중에 하나가 사람과 개는 가장 비슷한 구조를 가지고 있기 때문에 밥을 못 먹었을 때 생존할 수 있는 기간이 비슷하다고 한다. 그런데 사람과 개가 함께 눈 덮인 숲속을 가다가 웅덩이에 빠지게 되면, 사람은 극심한 공포로 인해 하루만에 죽어 버릴 수 있다고 한다. 하지만 개는 일주일 이상을 거뜬하게 버틴다고 한다.

두려움으로 공포에 사로잡히게 되면 우리는 혈압이 높아지고 엄청난 에너지 소비를 하게 된다. 맥박이 빨라지고 가슴이 뛰게 된다. 온 몸이 떨리고 다리에 힘이 없어진다. 결국 이러한 비정상적인 상태가 몇 시간 지속되면 인간은 버티어 낼 재간이 없는 것이다. 이와 반대로 어떤 고통과 악조건 속에서도 강인한 정신을 가진 사람은 며칠을 거뜬하게 버티어 낸다. 강인한 마음을 가진 사람은 어떤 시련과 역경 속에서도 거뜬하게 이겨내고 살아난다. 그리고 보란 듯이 성공한다.

가슴 뛰는 인생 후반전을 위해 40. 긴 인생! 결코, 절대로, 쩨쩨하게 살지 말자.

40대가 되어 살아오면서, 그리고 수많은 책을 섭렵하면서 필자의 의식과 사고를 깨우쳐 준 내용 중에 하나가 인생을 너무 쩨쩨하게 사는 것만큼 치사하고 어리석고 불쌍한 것은 없다는 것에 대한 인식이었다.

사실 필자는 너무 쩨쩨하게 살아왔다. 그래서 아마도 40대까지 이 모양 이 꼴로 살게 되었던 것이라고 스스로 그 원인을 발견하게 되었다. 필자는 20대 때 왜 그렇게 쩨쩨하게 살았는지가 가장 후회가 된다. 20대 때 공부를 열심히 하지 않은 것에 대해 후회는 하나도 하지 않는다. 그런데 왜 그렇게 지지리 궁상맞게 살았는지가 너무 후회스럽다.

'크게 버려야 크게 얻는다' 라는 말을 필자는 너무너무 좋아하는 사람이다. 이것을 필자가 가장 좋아하게 된 이유는 손자병법에서 말하는 병법의 심오한 가르침 중에 하나를 통해서 이다.

손무는 '백 번 싸워 백 번 이기는 것이 최선이 아니라 싸우지 않고 적을 굴복시키는 것이야말로 최선' 이라는 개념을 우리에게 제시해 주었다. 그리고 그가 제시하는 승리의 비법 중에 하나는 집중이다.

'병력을 한 곳에 집중하면 천리 밖의 적장도 죽일 수 있다.' 라는 이 말은 그가 주장하는 집중의 중요성을 잘 말해 준다. 동시에 어떻게 해야 최고의 집중을 할 수 있는 지도 잘 말해 준다. 한 마디로 다른 부분을 버려야 한다는 것이다.

최고의 집중을 하기 위해서는 다른 것들, 모든 것들을 버릴 줄 알아야 한다는 것이다. 삼성이 2류 기업에서 세계 초일류 기업으로 30년 만에 300배 성장을 이룩하면서 도약할 수 있었던 것도 한 마디로 크게 버릴 줄 알았기 때문이라고 할 수 있다.

" 마누라와 자식 빼고 다 바꾸라."

이건희의 신경영 선언을 통해 삼성은 잘 하는 분야에 집중할 줄 알게 되었던 것이다. 자동차와 같이 잘 하지 못하는 분야는 아무리 큰 손해를 본다 해도 버릴 줄 알았던 것이다.

우리가 인생에서 승리하고, 성공하기 위해서는 먼저 크게 버릴 줄 알아야 한다. 과거의 모든 삶의 방식, 오래된 사고방식, 나쁜 습관, 비전이 없는 직장, 도움이 안 되는 인간관계, 불필요한 사회 활동 등을 모두 과감하게 버릴 줄 알아야 한다.

보다 나은 인생을 살아가기 위해서는 크게 버릴 줄 알아야 한다. 그래야 더 좋은 새로운 인생을 살아갈 수 있게 되는 것이다. 그래서 중국의 현자인 노자老子는 다음과 같은 말을 했던 것이다.

"적게 버리면 적게 얻고, 버리지 않으면 얻을 수 없다. 크게 버려야 크게 얻는 다."

우리 주위를 봐도 쩨쩨하게 살지 않고 살아가는 사람들이 성공을 해도 크게 성공을 하는 것을 볼 수 있다. 인생을 너무 심각하게, 어렵게, 쩨쩨하게 굴면서 살아가는 사람들은 결코 가슴 뛰는 삶을 살아갈 수 없다. 인생은 자기 자신이 심은 대로 거두며 살아가는 것이기 때문이다.

담대하게 크게 버릴 줄 아는 사람만이 크고 위대하고 엄청난 것을 얻을 수 있다. 그것이 인생이다. 40대 어른의 생각이 너무 심각하고 쩨쩨하고 궁상맞다면 그것보다 더 보기 싫은 것은 이 세상에 없을 것이다.

어른이 어른다워야 하는 이유는 살아온 인생 경험을 통해 젊은 사람들보다 더 많은 것을 배웠기 때문에 생각하고 행동하는 것이 더 크고 더 넓고 더 높기 때문이다.

크게 버릴 줄 아는 사람만이 큰 인생, 행복한 인생, 성공적인 인생을 살아갈 수 있는 자격이 있는 것이다. 자기 것만 주장하고, 타인에게 조금도 양보나 배려를 할 줄 모르는 사람들은 어디에 가도 불평불만을 일삼는 다. 그런데 그 불평불만의 주된 원인은 자기 것이 약간 손해를 봤다는 생각, 피해 의식 때문이다. 그래서 누군가가 자신에게 약간의 손해를 주었다고 생각하면 그 즉시 엄청난 분노에 스스로 휩싸이게 된다. 이런 사람은 장수할 수 없다.

그런데 이렇게 생각하고 행동하는 근본 이유가 자신의 것만을 너무 소중하게 여기고, 너무 쩨쩨하게 굴기 때문이다. 자신의 시간이나 돈이나 재능을 좀 베풀고, 나누어준다는 넓은 생각을 하게 되면 이렇게 쩨쩨하게 굴지도 않을 것이다. 그리고 무엇보다 이 세상의 모든 것이 우리가 누군가로부터 받은 은혜 때문이라고 생각한다면 우리의 생각이나 행동은 180도 달라질 수 있을 것이다.

우리가 너무 쩨쩨하게 살아가는 이유는 우리가 지금 편하게 살아가고 있는 이유가 우리를 지켜 주고 있는 창조주 혹은 이 세상이 이렇게 편하고 좋은 세상이 되도록 힘 써준 모든 이들의 피와 땀, 그리고 우리를 낳아주시고 길러주신 부모님과 우리를 이끌어 주셨던 은사님들, 그리고 우리의 일을 자신의 일로 여겨 주는 친구들과 옹기종기 함께 사는 이웃 사람들 덕분이라는 그런 생각을 한 번도 하지 않았기 때문이다.

직장 생활을 통해 알게 된 사실은 내가 쩨쩨하게 굴면 결국 이 세상과 직장과 동료늘은 모두 가장 쩨쩨하게 우리를 대한다는 것이다. 반면에 우리가 통이 크게 넉넉하게 대하고 상대를 배려하고 우리의 것을 양보하면 이상하게도 이 세상과 직장과 동료들은 최고의 것들로 우리를 대접해 주고 우리를 상대해 준다는 것이다.

'물을 바라보는 것만으로는 바다를 건널 수 없다.'

– 타고르 –

에필로그_ 눈부신 인생 후반을 위하여.

" 꽃봉오리가 열리고 보잘것없는 것으로부터 위대한 것이 태어나는 인생의 정점에서, 하나는 둘이 된다. 늘 우리의 내부에 존재하지만 보이지 않았던 이 위대한 모습은 대각성을 촉구하며 지금까지의 내게 정면으로 맞서 떨쳐 일어난다."

– 카를 구스타프 융 –

이제 우리는 보잘것없는 것으로부터 위대한 것이 태어날 수 있는 인생의 정점인 40대를 살아가고 있다. 그리고 우리 내부에 존재해 왔지만, 그동안 미처 발견하지 못했던 위대한 자아를 이제는 발견해야 할 시기를 맞이했다.

이제 인생의 정점에서 우리가 해야 할 일은 위대한 인생 후반기를 위한 50년 인생 계획표를 작성하는 것이다. 그러한 행동을 통해 우리는 진정한 인생을 시작할 수 있다. 다른 사람이 시키는 일이나 하는 그런 인생을 버릴 수 있다. 온통 타인의 지문밖에 없는 내 인생을 버릴 수 있다. 이제는 내 지문만으로 가득 찬 눈부신 인생을 살아 볼 수 있다.

이것이 40대가 누릴 수 있는 가장 큰 특권이다. 특권에는 언제나 책임이 뒤따른다. 하지만 특권은 엄청난 혜택을 우리에게 제공한다. 20대나 30대들이 도저히 가질 수 없는 인생의 내공이다. 그것은 40대들에게 엄청난 위력을 발휘할 수 있게 해 주고, 새로운 눈부신 인생을 시작할 수 있게 해 준다.

오늘은 어제와 다르며, 40대의 삶은 30대의 삶과 다르다. 그렇기 때문에 우리는 새로운 삶을 위한 변화를 시도해야 한다. 정체된 삶은 죽은 삶이기 때문이다. 변혁의 시대에 어제와 같은 삶을 산다는 것은 불타는 갑판 위에서 그대로 죽음을 기다린다는 것을 의미할 뿐이다. 생존이 가능한 삶은 그곳에서 뛰어내리는 길 뿐이듯, 변혁의 시대에 생존하기 위해서는 새로운 삶으로 변화를 추구하며 뛰어내려야 한다.

40대, 우리는 우리 자신을 혁명할 수 있다. 그것이 40대가 하지 않으면 안 될 최고의 것이다. 변화와 혁명은 더 이상 타인의 지문이 가득 한 타인의 삶으로부터 뛰어내리는 것이다. 우리는 우리 자신이 되어야 한다. 그것이 생존하고 성공하고 번영하는 가장 확실한 길이다.

우리는 눈부신 인생의 후반전을 위해 지금 이 순간, 즉 40대를 살아야 한다. 우리에게 필요한 것은 인생 후반기를 준비하는 마음과 실천이다. 제대로 된 준비를 위해서는 과거에서 뛰어내려야 하고 결별을 선언해야 한다. 과거의 삶과 과거의 생각과 과거의 습관에서 완전하게 벗어나야 한다.

우리의 뜨거운 40대의 하루하루는 모두 도약과 성장을 위한 귀중한 시간이다. 그 시간을 누군가는 따분하고 지루하게 어제와 다를 바 없는 오늘을 살아간다. 하지만 누군가는 가슴 뛰고 설레는 마음으로 뜨겁게 살아간다.

당신은 어떤 삶을 선택할 것인가? 성공적인 삶, 행복한 삶이라고 해서 결과가 좋아야만 하는 것은 아니다. 결과는 아무도 알 수 없다. 중요한 것은 하루하루의 삶이 성공적이고 행복하다면 그 인생은 멋진 인생일 것이다. 문제는 하루하루의 삶을 낭비하고 방황하고 절망하며 무미건조하게 살아가는 사람일수록 성공적이지도, 행복하지도 않다는 점이다.

활기차게 눈부신 하루하루를 살아가는 사람들은 도전하고, 열정적으로 살아가는 사람들이다. 그런 사람들은 항상 어제와 다른 자신을 창조하기 위해 노력하는 창의적인 사람들이며 어제와 다른 내일을 살기 위해 씨앗을 심는 사람들이다.

눈부시고 빛나는 인생을 산다는 것은 20대의 전유물이 아니다. 40대들은 진정 눈부시고 빛나는 인생을 살아가야 한다. 그리고 그것은 누구나 가능한 일이다. 눈부신 인생을 산다는 것은 열광하며 전율하며 무엇인가에 도전하며 성장하며 살아간다는 것이다. 그것이 없다면 인생은 아무것도 아닐 것이다.

언제나 그렇듯 가장 큰 방해물은 우리 자신이다. 우리 자신의 생각이며 잘못된 선택이다. 그러므로 그러한 과거와 익숙한 것들과 결별을 선언해야 한다. 그리고 지금 이 순간을 살아야 한다. 오늘 눈부신 하루를 살아갈 수 있다면 눈부신 인생을 살아갈 수 있다.

눈부신 인생 후반을 살아가기 위해서 무엇보다 자기 자신을 되찾아야 한다. 그것이 가장 중요하다. 가장 행복하고 눈부신 인생은 자신의 삶을 자기 자신이 되찾아 그 삶을 살아가는 것이다.

" 어떤 개인이라도 자신의 삶을 선택하는 것이 아니라 다른 어떤 것의 삶을 선택한다면, 사리에 맞지 않을 뿐만 아니라 행복할 수도 없을 것" 이라고 고대의 철학자 아리스토텔레스는 자신의 저서인 [니코마코스 윤리학(Nicomachean Ethics)]에서 밝힌 바 있다.

40대의 중년은 반드시 자기 자신의 삶을 되찾아야 한다. 그것이 행복한 삶이며 성공적인 삶이기 때문이다. 그것뿐이다. 가장 큰 인생의 낭비는 다른 사람의 삶을 살기 위해 자신에게 한정된 주어진

아까운 시간을 낭비하는 것이다.

위대한 철학자 플라톤은 말했다. '시작이 반이다.' 라고! 자 이제 가슴 뛰는 눈부신 인생 후반전을 위해 시작해 보자. 결단하고, 도전해 보자. 사유의 경계를 넓혀보자.

삶의 온도를 높여 보자. 그리고 무엇보다 세상이 당신에게 할 수 없다고 말하는 바로 그것을 해 보자. 그리고 좀 더 많은 실패와 시행착오를 경험해 보자. 실패를 다른 시각에서 바라보자.

" 삶을 변화시키려면 지금 당장 시작하라.
이유나 변명을 달지 말고 정열적으로 삶을 살아라."

윌리엄 제임스의 이 말을 우리는 늘 되새겨야 할 것이다. 행운을 빈다.

판권

초판 인쇄: 2025년 11월 30일
초판 발행: 2025년 11월 30일

만든이: 김병완
발행인: 플랫폼연구소

출판등록: 제 2020-000075호

이메일: pflab2020@naver.com

주소:서울시 강남구 삼성동 116 백우빌딩 402호

ISBN 979-11-24195-07-9(03190)